AF367119

Rêvalité et poésie lunaire

Un jour, j'aimerais que les maux me manquent

Gérald Odar

Rêvalité et poésie lunaire

Un jour,

J'aimerais que les
maux me manquent

Gérald Odar

Écriture
tu utilises l'encre de nos vies
que tu dilues
à l'essence de nos rêves

Le cycle des émotions

Là où le soleil et la lune se croisent...
Mais jamais ne se touchent

Le soir

Là où les pensées s'aiguisent

Mon
coeur est
un puzzle
d'émotions

qui
s'imbriquent
sans logique,
ni raison !

Il est

des moments

où lorsque

mon regard

effleure

le monde...

Je m'accroche

à mes

rétines

pour

ne pas

pleurer

Mon sang est dilué aux larmes ...
Mes hémorragies affectives sont
diabolo-grenadine

Les larmes du ciel glissent en
mélancolie sur la vitre froide des
moments perdus que la vie ne pourra
rattraper

Et...
sans crier gare
mes yeux saignent
de ce mélange d'eau et de sel
Une musique, que dis-je une note
Une pensée, un mot, une odeur
Et c'est là valse de mon humeur

Toutes les désillusions que j'ai traversé m'ont appris à discerner les ficelles de ce monde.

MAIS JE RESTE LE PANTIN DE MES ÉMOTIONS, DIRIGÉ PAR DES FILS DE NYLON...

*J'ai vu le temps passer,
emmenant des êtres chers comme
le vent chasse les feuilles rousses
en automne*
J'AI VU LE TEMPS ARROSER CES
ENFANTS, LES GRANDISSANT DANS
UN MÉLANGE D'ESPIÈGLERIE ET
DE SÉRIEUX. EN FAIRE DES
ADULTES RÊVEURS OU PARFOIS
MALHEUREUX

À force de les frotter entre elles, je vais user mes pensées. Je perdrais l'inspiration, comme s'échappe mon souffle au delà de la 5eme marche... MES RÊVES S'EFFILOCHERERONT ET TOMBERONT EN LAMBEAUX. JE DEVIENDRAI ALORS UN MOUTON PRISONNIER DE CE VASTE TROUPEAU...

Le sac à dos rempli d'embrouille,
en rando dans mon crâne,
j'arpente les chemins tortueux de
mon esprit
Un sourire en guise de
visière, je me protège de
la déprime, j'avance, vers
elle, j'avance… J'avance

*J'ai la mélancolie dans chacun
de mes cils
Elle guette, garée en double file*

J'AI L'HUMEUR À BASCULE,
GLISSANTE ET BORDÉLIQUE
POSTÉE EN HAUT DE LA
COLLINE

J'économise une partie
de mes larmes
Je les place en épargne
JE LES DÉBLOQUERAIS, SI
UN JOUR MON CŒUR SE
DÉSHYDRATE

La fleur sombre

La fleur sombre a une apparence trompeuse

Sous son air morose, elle n'est pas si soucieuse

Son teint obscur, la rend plutôt mystérieuse

Mais quand on l'apprivoise, elle dévient rieuse

Colère

asphyxie de LA RAISON

La nuit

Là où les songes ne trouvent pas sommeil

Pauvre petit
morceau de
sommeil coincé
entre deux doutes.
Il aura bien du
mal, demain, à
tenir la route...

Les astres ont dévalisé ma nuit

Le jour sera équilibriste

Mes idées funambules
vascilleront au gré de ma
fatigue

Mes émotions seront sensibles

J'ai les pensées antipodes

Ma réalité a la tête en bas

J'ai les rêves renversés

Mes idées sont inversées

J'ai le sommeil éveillé
Ma nuit est debout
Mes rêves sont agités
Mes pensées s'ébrouent
J'ai l'inspi éparpillée
Mon monde est flou

J'ai croisé un rêve éveillé...
Il faisait de la narcolepsie inversé !

*Les cauchemars mentent à
mes pensées, pour que la vie
soit moins édulcorée*

La mélancolie tapisse les murs
de la chambres de mes espoirs

Il y règne une semi obscurité
propice aux insomnies

*Les vents anxieux ont
soufflé mes rêves
Rendant ma nuit <u>blanche</u>*
Là où tous les chats
sont noirs...

Les plus beaux poèmes

s'écrivent-ils la nuit ?

Je reste souvent éveillé , de garde,

juste pour vérifier ...

Cette nuit, j'ai compté les astres

En long, en large, en diagonale et à reculons

Cette nuit, je n'ai pas vu l'ombre d'un mouton

Chère lune, chipeuse de
sommeil
Pourtant, toi tu sembles
dormir sur tes deux oreilles

Par la lucarne de mon esprit, mes

pensées assoupies voient la lune....

Mon sommeil, alors , s'ebroue

laissant apparaître mon infortune...

Miss insomnie vient me chatouiller

de sa plume

*Je vis entre ici et
ailleurs.
Une partie de moi reste
dans mes écrits.
Tandis que les mondes
que j'invente
s'immiscent dans ma
vie...*

Parfois, je m'imagine meduse.
Je suis composé à 98 pourcent d'émotions
et tout le monde peut lire en moi.

LES GENS QUI MÈNENT
UNE VIE DE RÊVE, EUX
AUSSI ILS ONT
BESOIN DE DORMIR ?

J'ai grandi avec un monstre
dans le miroir. J'ai forgé ma
vie sur un déséquilibre latent :
tel un château de sable fait
par une enfant abandonné sur
la plage de la mer du
désespoir...

Une nuit, au bout de ce banc

de sable, apparut un phare.

C'était toi ! Une lueur de vie,

d'amour et d'optimisme. Ton

sourire m'a tendu la main, tes

yeux ont lavé l'image que

j'avais de moi... On devenait :

Nous

Le matin

Là où se lient les doutes et les angoisses

Le matin...

J'aime cet effleurement avec la réalité

Lorsque pour l'instant rien n'est joué

Les doutes s'étirent encore dans leur lit

L'anxiété n'a pas encore montré le bout de son nez

Je profite de cet instant de paix

Un matin, de quelques secondes....

Aujourd'hui mon sourire a du mal à éclore

Aujourd'hui, j'ai un pincement au cœur

Ce matin, mon ventre se noue

Ce matin... C'est plus dur que d'autres jours

Aujourd'hui, je veux sourire, comme hier

Aujourd'hui, je vais prendre le mal à la racine

Ce matin je vais désherber mes idées

Ce matin , je vais réapprendre à m'aimer

... Comme tous les jours

On perd nos épines au gré d'une
rencontre

On baisse notre garde, plus rien ne
compte

La volupté de l'instant nous fait refleurir

On arbore des couleurs dégradées
d'espoirs et d'avenir

Le corbeau sera ma colombe
Les mots noirs seront mon nectar
La mélancolie, ma symphonie
J'ombragerai d'anthracite les peines
de mon cœur
Ça sera mes temps assaisonnés de
tristesse

Pour le reste, tu seras mon arc-en-ciel

Parfois, je me sens perdu

Je n'ai qu'à fermer les yeux
pour retrouver ma route

*Elle apparait devant moi, en
dalles de songes
Ma voie vers la rêvalité*

Je réduirai mes larmes en poussière...

... POUR EN FAIRE DE
LA POUDRE D'ESPOIR !

Je suis une évidence <u>trompeuse</u>...

Que reste_t_il de **moi**, *une fois les*

grains de sable ôtés de ma mécanique ?

Prendre du recul, oublier ses doutes
Regarder ses angoisses disparaîtrent à
l'horizon
Laisser ses peurs prendrent leur envol
Un détachement profond
Comme une respiration en pleine forêt
Ou un rire en écho à le montagne

Avoir le cœur léger comme une plume

Arrêter cette fuite en avant
Juste prendre le temps
Écouter les histoires des oiseaux
Sentir le vent carresser nos peaux
S'émerveiller, respirer, ressentir
Laisser les tracasseries s'enfuirent

Et, finalement, on évolue
On s'adapte, on traverse les pluies
de nos vies avec un sourire comme
parapluie

*Le silence comme mélodie
accompagnant un moment calme*

Vertige de l'apaisement

Méditation

Petite angoisse un peu
timide cherche à rencontrer
un optimisme ténébreux
pour construire quelque
chose de sérieux

*Je suis l'optimiste aux
mains sales*

*Elles sont maculées de
noir*

*À force d'en broyer pour
ensuite modeler de
l'espoir*

Le jour

Là où les rêves prennent leur envol

Les nuages ?
Ils imaginent des
formes en nous
regardant du ciel ?

Soleil...
Moral en soute
Poches pleines de doutes
Étrange journée
Larmes en starting-blocks
PENSÉES EN DENTS DE SCIE
MÉLANCOLIE SANS PRÉAVIS

*J'ai déposé les larmes,
je viens en paix*

J'AI LAISSÉ MA COLÈRE SE
CONSUMER...

ET REPENDU SES CENDRES DANS
L'ÉCUME DE MES ENVIES

*J'ai peint mes espoirs en
rouge colère*
J'AI RENVERSÉ LES ÉTAGÈRES
DE MA MÉMOIRE
*J'ai flanqué mes rêves
de travers*
LE RIRE BIEN HAUT, JE
PIÉTINE CE BEAU FOUTOIR

Le ciel bleu dans les yeux

Un peu de brume sur les champs heureux

Le jour, baille, s'étire et s'éveille

La joie crépite en de petites étincelles

Petit matin timide, tu nous souris

Aujourd'hui, j'enlasse et embrasse la vie

C'est dans le frisson que je ressens mon être.
Mon épiderme reconnaît ses frontières dans la
chaire de poule émotionnelle qui me parcourt
lorsque je me frictionne au monde.

Une chute céleste

Amortie par un nuage

en Barbapapa de coton

Un joli songe

qui attendrit la nuit

habitée d'étoiles qui sourient

Être un nuage qui pleut en
couleur
Survoler les villes pour guérir
les maux des cœurs

La poésie

Là où les mots s'expriment librement

Elle est l'esquisse de l'amour

dans son cahier à dessins

Les mots couchés murmurent

des sons origamis

Les lèvres se taisent et lisent

dans leur tête

Les yeux écoutent, sur les

rétines, se dérouler des rêves

La lecture dans son écrin

La poésie, ce n'est pas que des
rimes...
Avant tout, c'est une pulsation ,
un battement...
Ça vient du coeur

Poésie...

Langage des sens, perle de joie

ou frisson mélancolique

Tu annihiles les cauchemars,

protectrice des rêveurs

Tu étincelles dans nos cœurs,

doux fragment de bonheur...

Un soupir croise un sourire ,

sans mot dire,

juste d'un regard ,

naît un fou-rire...

D'astres en astres,

la rêverie au souffle coupée

J'ai bondi de la lune aux étoiles,

jusqu'à toi...

Mon firmament

Tu es une silhouette en bord de
plage...

Qui m'invite à faire naufrage

À cet instant, les mots se sont tus

Mille histoires ont pris forme dans

ma tête

De toutes, tu étais le personnage

principal

J'assistais à la bande annonce de

notre vie

J'ai croisé une fée aujourd'hui

Elle avait un peu de ta **magie**

Tu sais, celle que tu dégages quand

<u>tu souris</u>.

Mon ombre s'est échappée
de mes pas pour accompagner
la tienne

Mon cœur ne m'écoute plus
depuis qu'il s'est calé au tiens

Je déposerai mes
mots sur la ligne de
l'horizon
pour que tu puisses
les voir dans
n'importe quelle
situation

J'ai parcouru le
dédale de ma
jeunesse sans savoir
ce que je cherchais.
*Ta présence
me manquait...*
Alors que je ne te
connaissais pas...
J'étais déjà sur tes pas.

Aux J'ai mal
premières au cœur
loges, j'ai quand
vu des je pense
espoirs se à ces
fracasser rêveurs
sur le échoués.
rempart de J'ai la
la nausée
normalité. de voir
J'en ai des tous
éclats dans ces
les yeux. noyés.

Puis-je avoir la prétention de

réussir à trouver les mots pour

parler d'elle.

Ce ne serait que rimes perdues

puisque même la poésie ne peut

comprendre ce qui m'anime quand

elle occupe mes pensées...

On s'est reconnus sans s'être

jamais vus

On s'est retrouvés, sans s'être

jamais perdus

On s'est aimé sans besoin de

l'exprimer

On savait...

Les miettes

Je compte les miettes
d'espoir qu'il me reste en
poche
je les dispose sur la table
et les partage
équitablement entre mes
proches

Chacune d'elles a son
importance
Chacune d'elles peut faire la
différence
Ces miettes, à l'allure
chétive, prises
indépendamment semblent
ne pas faire le poids

Alors qu'unies, elles sont
une explosion de joie

Ce que je préfère dans

l'écriture...

Le petit moment, l'instant

infime, où les pensées

étincelles embrasent

l'imagination

Le déclic poétique

L'instinct de création

Pour toi

Maman...

Etoile manquante

Tu m'as donné la vie, désormais elle t'a

reprise à moi

Tu m'as fait grandir, je me sens petit

sans toi

Je vis, je continue , j'avance, mais ce ne

sera plus jamais pareil

Même quand je rêve, il manque une

étoile à mon ciel

Du même auteur, disponible sur Amazon :

– L'énigme de Charles Dufresnes

(aventures dès 12 ans)

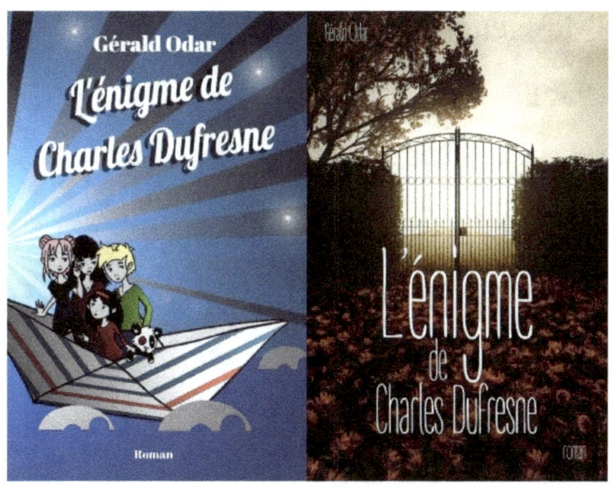

Ebook, broché et relié

Collection Panda (8 ans) :

– L'école sous le phare

– Ça tourne à l'orage !

(Ebook, broché)

Autres receuils poétiques :

– Une goutte d'eau un peu salée

– Une petite bulle de pensées

– Mes pensées étincelles

– Pat Éthique (deux volumes)

(Ebook, broché)

Contact :

gerald.odar.auteur@gmail.com

Instagram : @gerald.odar.auteur

Facebook : Gérald Odar auteur

Dessin de la méduse : Maruko

Photo de couverture :
Je remercie Unsplash
 et tout particulièrement
John Moeses

Imprimé par Amazon KDP